APRENDA GAITA BLUES

MÉTODO DE GAITA PARA INICIANTES E INTERMEDIÁRIOS

RICARDO PARRONCHI

Nº Cat.: 407-M

Irmãos Vitale Editores Ltda.
vitale.com.br
Rua Raposo Tavares, 85 São Paulo SP
CEP: 04704-110 editora@vitale.com.br Tel.: 11 5081-9499

© Copyright 2009 by Irmãos Vitale Editores Ltda. - São Paulo - Rio de Janeiro - Brasil.
Todos os direitos autorais reservados para todos os países. *All rights reserved.*

CIP-BRASIL. CATALOGAÇÃO NA FONTE
SINDICATO NACIONAL DOS EDITORES DE LIVROS - RJ.

P274a

Parronchi, Ricardo, 1973-
    Aprenda gaita blues : método de gaitas para iniciantes e intermediários / Ricardo Parronchi. - São Paulo : Irmãos Vitale, 2010.
    48p. : il., música

    ISBN 978-85-7407-289-0

        1. Gaita - Instrução e estudo.
        2. Blues (Música).
        3. Música para gaita.
            I. Título.

10-2181.   CDD: 788.49
                                                                                  CDU: 780.643

13.05.10   19.05.10   019098

Créditos

Coordenação editorial
Roberto Votta

Revisão ortográfica
Marcos Roque

Projeto gráfico e capa
Cecilia Hajpek Maciel

Fotos
Rubens Kisonas

Produção executiva
Fernando Vitale

Ficha técnica
Música de apresentação: "My best friend" (Ricardo Parronchi)
Ricardo Parronchi: voz e gaita / Theo Marcelo: guitarra
Composição e programação dos playbacks: Ricardo Parronchi
Todas as faixas foram gravadas e mixadas no Estudio Diesel.
Engenheiro de som: Paulo Brancaccio
Todas as gaitas utilizadas são da marca Bends.

ÍNDICE

PREFÁCIO 5
   Sobre o autor 6
   Agradecimentos 7
   Sobre o método 8
   Aos colegas professores 9

A GAITA E O BLUES: BREVE HISTÓRIA 11

ENTENDENDO UM POUCO MAIS O BLUES 13
   Estruturando o blues 13
   Entendendo um pouco mais a gaita 14
   Segurando a gaita 15
   Tipos de embocaduras na gaita 15

QUE É TABLATURA? 17
   Tocando a gaita 17
TÉCNICAS E EFEITOS 19

POSIÇÕES UTILIZADAS NA GAITA DIATÔNICA 23
   Tabela para transposição 23
   Exercício 1 24
   Exercício 2 25
   Exercício 3 26
   Exercício 4 27
   Exercício 5 28
   Exercício 6 29
   Exercício 7 30
   Exercício 8 31
   Exercício 9 32
   Exercício 10 33
   Exercício 11 34
   Exercício 12 35
   Exercício 13 36
   Exercício 14 37
   Exercício 15 38
   Exercício 16 39
   Exercício 17 40
   Exercício 18 41
   Exercício 19 42
   Exercício 20 43
   Exercício 21 44
   Exercício 22 45

Arquivos de áudio *play-a-long* em MP3 estão disponíveis para *download* gratuito em:

vitale.com.br/downloads/audios/407-M.zip

ou através do escaneamento do código abaixo:

Obs.: Caso necessário, instale um software de descompactação de arquivos.

PREFÁCIO

Conhecendo Ricardo Parronchi há bastante tempo, sendo amiga e colega de profissão, e observando como ele ministra suas aulas de gaita, logo percebi que ganharíamos um método de gaita blues. Vi esta obra nascer.

Ricardo toca, com facilidade, vários instrumentos e possui excelente didática. Seus alunos demonstram ótimo desempenho em pouco tempo de aula.

Assim como o médico que prescreve um tratamento específico para cada paciente, Ricardo Parronchi sempre criou exercícios personalizados para que seus alunos pudessem superar as dificuldades, aprendendo as técnicas necessárias para tocar gaita. Este livro vem preencher ainda uma lacuna, pois não tínhamos um método de gaita blues em língua portuguesa.

O que mais me atrai neste método é que ele ensina a tocar gaita blues através do blues, do começo ao fim, com temas marcantes e incentivadores do próprio autor, com didática clara e objetiva.

Para mim, um bom professor é aquele que explica de maneira simples qualquer assunto, do mais simples ao mais complexo. Assim é o Ricardo Parronchi, que compartilha, através do seu *Aprenda gaita blues*, um pouco da bagagem e sensibilidade que conquistou como músico e professor, talentoso e eclético como muitos músicos brasileiros.

SANDRA VECCHIO KISON

SOBRE O AUTOR

Ricardo Parronchi nasceu em 1973, na cidade de São Paulo, e começou a ter aulas particulares de contrabaixo aos 16 anos de idade com o guitarrista Theo Marcelo. Dois anos depois, o músico já tocava pelos bares de São Paulo, especialmente no bairro do Bexiga, com bandas covers.

Aos 19 anos, Ricardo Parronchi iniciou seus estudos na ULM (Universidade Livre de Música), onde estudou com a baixista Ge Cortez (hoje no programa *Altas Horas*).

Na ULM, estudou também teoria e canto coral. Além de tocar em bandas de baile, começou a acompanhar vários artistas do meio gospel, como Túlio Régis (ex-Oficina G3) e Soraya Moraes.

Aos 23 anos, o músico começou a lecionar contrabaixo em várias escolas e conservatórios de São Paulo e, paralelamente, teve aulas de violão e piano, além de harmonia e improvisação.

Em 1996, Ricardo teve seu primeiro contato com a gaita diatônica e como lecionava em várias escolas, ele pegou alguns preciosos toques iniciais com os colegas professores Luiz Marcondes e Ailton Rios. Mais tarde, de forma autodidata, começou a pesquisar e a se aprofundar no estudo da gaita blues.

Em 1997, Ricardo formou a banda Destra, de rock progressivo com influências de jazz rock, blues e ritmos brasileiros. Com a banda, Ricardo produziu e lançou dois CDs, que obtiveram ótima repercussão da mídia especializada brasileira e estrangeira. Fez shows por todo o Brasil e produziu em estúdio inúmeras bandas do estilo para vários selos.

Em 2002, Ricardo Parronchi gravou um CD de chorinho, tendo como instrumentos melódicos e harmônicos o baixo, a percussão e a bateria. Para isso, o músico incorporou vários outros ritmos ao choro, como o rock, o baião, o funk e o jazz, entre outros. Por conta desse trabalho, Ricardo realizou vários workshops e apresentações pelas escolas e conservatórios mais respeitados de São Paulo, como EM&T e o Conservatório Souza Lima, além de fazer shows com o trio Choro Plugado e um show com o guitarrista Pepeu Gomes na Feira da Música 2002.

O músico também trabalhou por quase dois anos num projeto de world music com o percussionista Dinho Gonçalves, em que tocava baixo, gaita e cantava. Nessa época, começou a lecionar gaita e percebeu a necessidade de elaborar um método de gaita blues para iniciantes, pois quase todos os métodos para blues eram muito avançados e/ou não enfatizavam outros estilos. Como cantor, Ricardo também tem um trabalho recém-lançado com a banda Shining Star, intitulado "Reset", pela gravadora Silent Music.

Atualmente, Ricardo Parronchi acompanha Fernando Deluqui (guitarrista do RPM) e está gravando um novo CD solo, que mistura rock, soul music e R&B. Além do contrabaixo e da gaita, se dedica ao canto, atuando como músico, professor, compositor, pesquisador, ouvinte e aprendiz... sempre.

AGRADECIMENTOS

Em primeiro lugar, a Deus, pelo dom dado a mim. Ao Paulinho (Estúdio Diesel), ao Melk (gaitas Bends), ao Rubens (pelas fotos) e a Sandra, pela força, sempre... Ao Theo (pela gravação da guitarra), aos colegas professores, aos colegas de palco, a todos os alunos (que são a principal razão deste método), ao Roberto Votta (Editora Irmãos Vitale) e, principalmente, a toda minha família.

Dedico este método a minha filha Isabelle.

SOBRE O MÉTODO

Aprenda gaita blues é um método que visa ensinar gaita blues para gaitistas iniciantes e não música para músicos iniciantes. Por isso, a teoria contida nele se restringe a ensinar notas, acordes e escalas na gaita.

Uma abrangência maior à teoria, com todos os conceitos musicais, faria com que este método se tornasse muito extenso e isso fugiria do foco principal. Provavelmente você esteja se perguntando se será capaz de aprender a tocar gaita por meio do conteúdo deste livro. Minha resposta é um enfático sim.

Evidentemente que uma base teórica e/ou o auxílio de um professor produzem resultados infinitamente melhores; afinal, sua compreensão será bem mais abrangente e você entenderá o gênero musical blues e suas características com mais profundidade e facilidade.

Mas se você for um leigo no assunto, não fique preocupado. Este método foi elaborado para que você consiga tocar todos os exercícios, mesmo que não conheça música. Para tanto, além das partituras, foi utilizado um sistema chamado de tablatura, que nada mais é do que os números dos orifícios que devem ser soprados ou aspirados. Esses números foram posicionados bem abaixo das notas na partitura.

Se, por acaso, você não souber ler as notas na partitura, provavelmente você também não conhecerá as figuras rítmicas (a menos que você seja baterista ou percussionista). Portanto, o uso dos áudios é imprescindível para que você possa executar corretamente os exercícios contidos no método.

Antes de cada exercício escrito há uma pequena explicação sobre seu conteúdo esclarecendo os aspectos mais importantes, ou seja, técnicos, rítmicos, harmônicos e melódicos.

Sete pontos importantes que você precisa saber antes de iniciar a leitura deste método
1. Sua gaita deve ser diatônica na tonalidade de C (Dó Maior).
2. Sempre leia a explicação sobre o exercício antes de tentar tocá-lo.
3. Aprenda as técnicas e tente executá-las antes de tocar os temas destas.
4. Antes de tentar tocar os exercícios, escute-os algumas vezes; primeiro treine só, depois junto com o áudio e, por último, com o playback.
5. Nunca passe para o próximo exercício sem antes ter dominado o exercício anterior.
6. Dominar significa tocar o exercício com clareza nas notas e com rítmica precisa; para isso, você deve treinar até que consiga acompanhar o playback.
7. Por último, seja paciente e tenha uma rotina de estudo com dedicação. Todos somos capazes de tocar um instrumento.

AOS COLEGAS PROFESSORES

Quando desenvolvi este método, o fiz com o intuito de organizar minhas aulas tornando-as mais interessantes para os alunos, sobretudo para aqueles que queriam aprender blues e não tinham interesse em spirituals ou em músicas folclóricas. Minha maior dificuldade foi criar exercícios com sonoridade blues para esses alunos iniciantes sem usar *bends*, que, de pronto, já descartava algumas notas da escala de blues. Como sabido, essas notas são imprescindíveis para se conseguir tal sonoridade. Outra questão complicada seria criar logo no início temas de blues com o uso de *tongue blocking*.

Sempre gostei muito de escutar guitarristas de blues e foi assim, pesquisando a sonoridade de alguns deles, que tive a ideia de trabalhar na segunda posição, porém, a princípio, usando a escala mixolídia em vez da escala de blues, evitando os temidos *bends* (estes usados apenas nos últimos exercícios, quando o estudante já terá certo domínio do instrumento). No caso da gaita em C, a escala seria G mixolídio: (G – A – B – C – D – E – F – G), que garante uma boa sonoridade, por conter as notas do acorde G7. Em vez de *riffs*, optei por exercícios desenvolvidos em doze compassos, seguindo uma sequência harmônica de blues tradicional, sempre incentivando o aluno a tocar o exercício com o uso do playback, para que ele tenha a sensação de estar tocando música e não apenas um exercício. No mais, tentei combinar essas notas a diferentes ritmos usados no blues, criando melodias agradáveis e agregando aos poucos as técnicas características ao estilo. Vejo o resultado como algo bastante satisfatório, pois as aulas passaram a ficar mais interessantes para os alunos (que ficam mais motivados) e para mim mesmo (por constatar que esses temas de blues em forma de exercício realmente facilitam o aprendizado).

Aqui, além de um pouco de história, embocadura, técnicas e escalas, estão reunidos alguns exercícios e seus respectivos playbacks desenvolvidos, principalmente, a alunos iniciantes e intermediários.

Enfim, espero que este método auxilie os colegas professores, já que são tão raros materiais com esse tipo de enfoque.

A GAITA E O BLUES: BREVE HISTÓRIA

A gaita diatônica (com sua versatilidade e timbre peculiar) é conhecida também como gaita de boca ou harmônica e é utilizada no blues e em diferentes estilos musicais, como rock, country, reggae, MPB e tantos outros.

O blues, porém, se fundiu a esse instrumento. Impossível imaginá-lo sem a gaita e vice-versa, tanto que para muitos ela é conhecida como gaita de blues. Para que você possa entender melhor, vamos voltar um pouquinho no tempo.

Não há consenso quanto à origem da gaita, mas a versão mais aceita atesta que ela é derivada de um instrumento antigo chinês chamado de sheng (que significa "voz sublime"), feito de uma cabaça e 12 bambus.

De acordo com a história, por volta de 1821, o alemão Christian Friedrich Ludwig Buschmann, relojoeiro e afinador de instrumentos, foi o primeiro a patentear a gaita como instrumento, chamando-a de aura. Rústica, ela media 4 polegadas e suas palhetas eram colocadas em um cavalete de madeira. O instrumento era apenas soprado e oferecia uma afinação cromática com 21 notas.

Anos mais tarde e já conhecida como harmônica, após algumas modificações, suas palhetas podiam ser sopradas e aspiradas. A primeira gaita com a disposição de notas como a conhecemos hoje – com 10 furos e 20 notas com afinação diatônica – foi desenvolvida pelo imigrante americano Richter. Essa afinação levaria o seu nome. Os europeus chamaram esse instrumento de órgão de boca e essa é ainda a afinação padrão usada na fabricação da gaita diatônica.

O responsável pela popularização do instrumento, porém, foi Mathias Hohner, um jovem relojoeiro alemão da cidade de Trossinger. Ao contrário de seus contemporâneos, Hohner optou pela fabricação de gaitas como negócio principal. Rapidamente, graças a sua qualidade, preço acessível e um impressionante marketing pessoal até então não explorado (pois ele foi o primeiro fabricante a estampar sua marca sobre as gaitas), logo as pequenas "hohners" começaram a fazer muito sucesso e, algum tempo depois (1857), quando sua produção anual atingiu a marca de 650 harmônicas, foram iniciadas as primeiras exportações para os EUA. Mathias Hohner morreu em 1902, mas deixou um legado precioso a seus herdeiros: uma fábrica com produção de 7 milhões de gaitas ao ano e uma marca de sucesso que perdura até os dias de hoje.

E a história continua...

No final do século XIX, nos EUA, negros levados da África trabalhavam e sofriam nos campos de algodão. E em meio a esse sofrimento e escravidão, eles cantavam para louvar a Deus (spirituals) e cantavam a dor e a tristeza (lamentos ou blues).

Em seus cantos, mesmo nos hinos de evangelistas de origem europeia, eles usavam notas de uma escala possivelmente do Oeste da África, que seria a escala pentatônica, com a adição de uma nota, que hoje chamamos de escala de blues. Com o fim da Guerra Civil e a libertação dos escravos, por volta de 1915, surgiram os primeiros cantadores de blues. Suas composições eram autorais e pessoais, e normalmente falavam sobre seu dia a dia, paixões, vícios, solidão e preconceito. Eles eram, na sua grande maioria, cegos. Entre eles, podemos citar Blind Lemon Jefferson e Blind William Johnson. Muitos artistas de blues surgiram, como Bessie Smith, a primeira grande diva do blues; Charley Patton, um dos primeiros e mais influentes guitarristas da época; Robert Johnson, que ficou conhecido pela lenda de ter vendido sua alma ao diabo em troca de se tornar um exímio guitarrista. Surgiram ainda os gaitistas, como Sonny Boy Williamson e Howlin' Wolf.

Além de ser um instrumento barato, os negros encontraram na gaita algo capaz de reproduzir o sentimento. Esse instrumento – aliado ao violão e, mais tarde, ao piano – foi moldando o estilo da música blues como a conhecemos atualmente.

Interessante salientar que o blues é muito mais do que um estilo musical. Ele é uma expressão cultural e social de uma época. Algo tão poderoso que se tornou atemporal, renovando-se e conquistando adeptos quase um século depois do seu surgimento. Também foi um gênero embrionário de grande parte dos estilos musicais os quais conhecemos hoje em dia, como o rock, o jazz e a soul black music.

No Brasil, o interesse pelo blues e pela gaita tem crescido muito e isso pode ser comprovado através dos instrumentos de alta qualidade produzidos tanto pela Bends quanto pela Hering. Temos ainda grandes músicos e bandas de blues. Vale a pena pesquisar e conhecer melhor os trabalhos desses artistas brasileiros.

Veja a seguir alguns gaitistas de blues que você não pode deixar de conhecer e ouvir. São apenas alguns dos nomes mais famosos. Esse pode ser o ponto de partida para sua pesquisa.

Estrangeiros: Howlin' Wolf, James Cotton, Carey Bell, John Mayall, Sonny Terry, Sonny Boy Williamson, Junior Wells, Snnoky Prior, Little Walter e Big Walter. Brasileiros: Flávio Guimarães, Sérgio Duarte, Jefferson Gonçalves, Robson Fernandes e Vasco Faé.

Importante salientar que cada vez mais novos e talentosos músicos brasileiros surgem. Não deixe de prestigiá-los. Vá aos shows, compre seus CDs. Não deixe de apoiar nossos artistas, pois amanhã poderá ser você em cima do palco.

ENTENDENDO UM POUCO MAIS O BLUES

Como em todos os gêneros musicais, o blues possui características rítmicas, harmônicas e melódicas que o tornam identificável logo nas primeiras audições. A estrutura básica de um blues tradicional é formada por três acordes dominantes (com sétima) do I, IV e V graus, distribuídos em doze compassos quaternários (de quatro tempos). Evidente que existem variações, mas essa é a sonoridade que estamos acostumados a ouvir. O canto, os temas e os solos de blues normalmente são feitos com a escala de blues, mas é comum também se trabalhar sobre as notas que formam os acordes e até usar outras escalas, como a mixolídia.

Até mesmo um leigo entende que uma música com apenas três acordes é fácil de ser tocada, o que realmente é verdade. Porém, conforme frase atribuída ao grande guitarrista Jimi Hendrix: "O blues é fácil de ser tocado, mas muito difícil de ser interpretado". Isso porque o blues é uma música muito passional. Portanto, além do estudo de técnicas e escalas, o que é muito importante para qualquer estilo, a música precisa daquilo que chamamos de *feeling* (sentimento), ou seja, uma interpretação que realmente soe convincente.

Resumindo, você deve encontrar o sentimento através da história, dos artistas... Você deve procurar entender o significado das letras, pesquisar. Enfim, o conjunto de tudo isso fará com que sua música soe verdadeira e não mecânica. Dessa forma, você vai atingir e cativar com mais facilidade o seu público.

ESTRUTURANDO O BLUES

Veja no quadro 1 como é organizada a estrutura de um blues básico, que chamamos de *slow change*, contendo três acordes com sétima, distribuídos em 12 compassos. O exemplo está na tonalidade de Sol Maior.

Quadro 1

COMPASSOS	1	2	3	4	5	6	7	8	9	10	11	12
ACORDES (GRAUS)	I	I*	I	I	IV	IV	I	I	V	IV	I	V**
ACORDES (TONALIDADE G)	G7	G7	G7	G7	C7	C7	G7	G7	D7	C7	G7	D7

* Quando substituímos o acorde do 2º compasso, que é um acorde do 1º grau (no caso G7), por um acorde do 4º grau (no caso C7) temos uma estrutura de blues bastante conhecida chamada de *fast change*.

** No último compasso, o acorde do 5º grau (no caso D7) pode ser substituído pelo acorde do 1º grau (no caso G7), principalmente nos finais de música.

ENTENDENDO UM POUCO MAIS A GAITA

Atualmente são fabricados diversos tipos de gaitas, mas os dois tipos mais comuns e conhecidos são a gaita cromática e a gaita diatônica, esta última é a mais indicada para se tocar blues. A gaita cromática também é muito utilizada em alguns estilos de blues. Como o próprio nome diz, as notas da gaita diatônica são as da escala diatônica, também conhecida como escala maior. A gaita diatônica é fabricada em todas as tonalidades.

O interessante é que tudo o que é aprendido na gaita em uma determinada tonalidade, pode ser transposto para outros tons apenas trocando-se de instrumento. Neste método foram utilizadas apenas gaitas na tonalidade de C (Dó).

A gaita diatônica possui 10 orifícios e é dividida em três oitavas, ou seja, a escala maior aparece três vezes: região grave, do orifício 1 ao 4; região média, do orifício 4 ao 7; e região aguda, do orifício 7 ao 10.

Apenas na segunda oitava (região média), a escala será completa. Na primeira e terceira oitavas faltam algumas notas, como veremos a seguir:

- Do orifício 1 ao 4 (primeira oitava): faltam as notas Fá e Lá (IV e VI graus da escala).
- Do orifício 4 ao 7 (segunda oitava): escala completa.
- Do orifício 7 ao 10 (terceira oitava): falta a nota Si (VII grau da escala).

Quadro 2

Cifras
C = Dó; D = Ré; E = Mi; F = Fá; G = Sol; A = Lá; B = Si
♯ : sustenido
♭ : bemol

Então:
C♯ : Dó sustenido e
B♭ : Si bemol

Veja adiante (figura 1) uma representação das notas ao longo dos 10 orifícios da gaita diatônica na tonalidade de C (Dó):

Figura 1

Notas sopradas	C	E	G	C	E	G	C	E	G	C
Orifícios	1	2	3	4	5	6	7	8	9	10
Notas aspiradas	D	G	B	D	F	A	B	D	F	A
Região	Grave			Média			Aguda			

SEGURANDO A GAITA

Segure-a com firmeza com a mão esquerda como mostra a figura 2. O apoio é feito com os dedos indicador e polegar. Os outros dedos ficam mais relaxados e não é necessário segurar a gaita com muita força, apenas a mantenha firme deixando os orifícios livres. Lembre-se que os números das casas ficam do lado de cima, com as notas mais graves para a esquerda e as mais agudas para a direita.

Figura 2

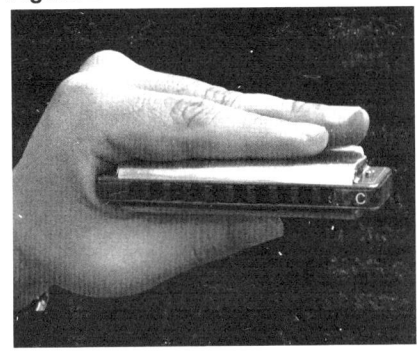

Figura 3

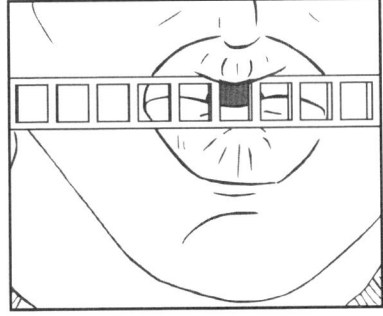

TIPOS DE EMBOCADURAS NA GAITA

Embocadura é o modo como os lábios são posicionados na gaita para soprar e aspirar. Basicamente são três os tipos de embocaduras usados na gaita.

A embocadura de bico é a mais simples e a mais usada por quem está começando a tocar gaita. Consiste em fazer um bico (um pouco maior do que o de um assobio) do tamanho equivalente ao orifício da gaita, como apresentado na figura 3. O sopro não deve ser muito forte, nem muito fraco, mas firme e constante. O mais importante é que você consiga soprar e aspirar uma nota de cada vez e que o som dessas notas saiam com clareza e uniformes, sem variação de volume. Lembre-se que sopro exagerado pode prejudicar sua gaita.

A embocadura com a língua em "U" também

15

Figura 4

é muito usada, porém nem todas as pessoas conseguem dobrar a língua dessa forma. Faça o teste e veja se você consegue conforme mostra a figura 4.

A embocadura *tongue blocking* (bloqueio de língua) consiste em acomodar os lábios em mais de um orifício, normalmente três ou até quatro, soprando e aspirando os furos laterais, e tapando os outros com a língua. Esse tipo de embocadura permite a execução de muitas técnicas e efeitos, como, por exemplo, se tocar em oitavas sons percussivos com a língua ou se tocar acordes e melodias simultaneamente. Por isso, ela é a embocadura preferida dos gaitistas experientes, mas não é muito recomendada a iniciantes, porque dificilmente conseguirão, no início, o controle necessário dos lábios e da língua para a execução. Veja na figura 5 a embocadura *tongue blocking*.

Figura 5

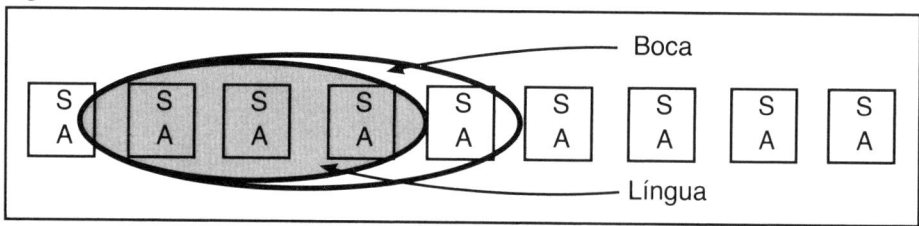

QUE É TABLATURA?

Tablatura é um tipo de escrita musical muito simples para quem não lê partitura. Normalmente são dois os tipos de tablaturas utilizados para gaita: um usa o sistema de números com flechas (soprar = flecha para cima e aspirar = flecha para baixo). O outro tipo é o que usamos neste método, que consiste em números simples para os orifícios soprados e números com um sinal de "menos" para os orifícios aspirados.

Exemplo de tablatura com sistema de números com flechas:

↑4 (soprar o orifício de número 4);
↓4 (aspirar o orifício de número 4).

Exemplo de tablatura usada neste método:

4 (soprar o orifício de número 4);
-4 (aspirar o orifício de número 4);
-4' (aspirar o orifício de número 4 usando *bend* de 1/2 tom);
-2" (aspirar o orifício de número 2 usando *bend* de 1 tom).

TOCANDO A GAITA

Primeiramente tente tocar uma nota por vez. Comece soprando e depois aspirando o orifício número 4. Depois faça o exercício abaixo, tocando a escala diatônica na segunda oitava da gaita (região média). Comece bem devagar e extraia uma nota por vez.

Os outros exercícios são variações melódicas da mesma escala. Repare que todos eles são feitos de maneira ascendente e descendente, ou seja, primeiro subindo para o agudo e depois descendo para o grave.

Os exercícios adiante não figuram nos áudios.

EXERCÍCIO 1: ESCALA DIATÔNICA

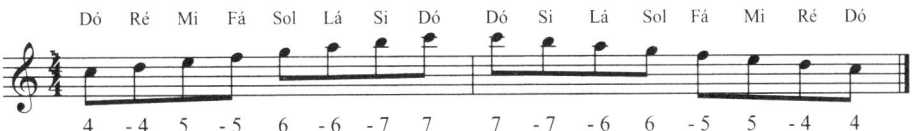

EXERCÍCIO 2: ESCALA DIATÔNICA COM SALTOS DE TERÇAS

EXERCÍCIO 3: ESCALA DIATÔNICA EM QUARTAS

TÉCNICAS E EFEITOS

A gaita, tecnicamente, é vista como um instrumento misterioso. Isso porque, ao contrário dos outros instrumentos, muitas das técnicas são executadas do interior do nosso corpo (boca, língua, garganta, diafragma), dificultando muito a explicação por meio de um método, pois, cada pessoa tem anatomia diferente. Sendo assim, a gaita responde sonoramente de forma distinta de pessoa para pessoa. Portanto, escute sempre os grandes gaitistas, tente imitá-los. Dessa forma, você descobrirá a sua própria voz, seu próprio estilo.

Veja adiante algumas técnicas mais utilizadas na gaita blues. Estou certo de que podem ser facilmente executadas, através de treino, por qualquer iniciante. Todas essas técnicas serão apresentadas passo a passo neste método e nos áudios.

Vibrato de mão: segure a gaita como descrito anteriormente. Coloque a mão direita embaixo da mão esquerda, fechando a parte de trás do instrumento, fazendo uma espécie de concha (figura 6), depois balance a mão direita rapidamente, abrindo e fechando (figura 7), e mantendo-a na mesma posição (a palma da mão esquerda sempre ficará encostada no punho direito). Depois de todo esse preparativo sopre ou aspire uma nota tentando usar essa técnica. Comece com movimentos lentos e acelere aos poucos.

Figura 6

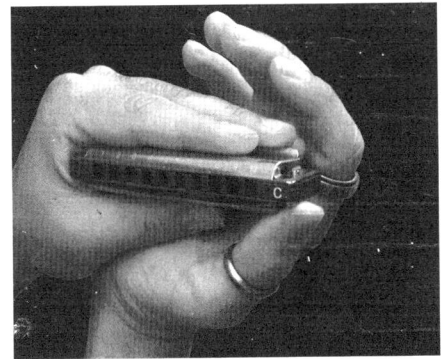

Figura 7

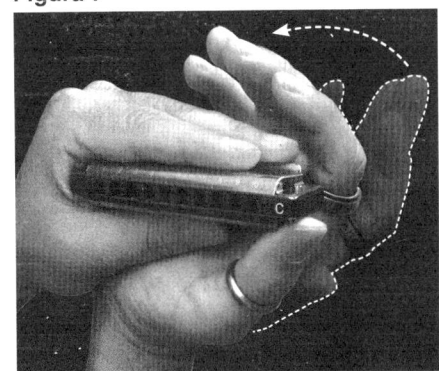

Wah-wah: a técnica de wah-wah tem o mesmo princípio da técnica de vibrato, porém os movimentos são mais lentos. Existem pedais de efeitos que simulam o wah-wah na guitarra, ora cortando as frequências agudas, ora cortando as frequências graves, causando um efeito muito interessante. O primeiro a usar esse efeito foi o guitarrista Jimi Hendrix.

Na gaita, a mão direita faz exatamente essa função. Quando fechada, o som sai grave. Isso ocorre porque a mão abafa as frequências agudas. Quando aberta, o som sai mais brilhante e agudo. As frequências são liberadas.

Surdina ou abafamento: a surdina tem o mesmo princípio do wah-wah, porém, em vez de abrir e fechar a mão direita, você a deixará fechada por um determinado tempo, fazendo com que um trecho musical fique mais grave e abafado. Os trompetistas usam muito esse efeito colocando uma surdina (abafador) na boca do instrumento. Assim, é extraído um som mais grave e aveludado.

Trinado: existem duas maneiras de se conseguir esse efeito. Uma é balançando a cabeça (efeito balanço de cabeça) para a direita e para esquerda de forma rápida de uma nota para outra. O outro jeito é fazer o mesmo movimento, porém com as mãos (trinado com as mãos). As duas maneiras produzem um som bem similar; entretanto, o efeito conseguido com o balanço de cabeça é o preferido e o mais usado pelos gaitistas.

Glissando: esse efeito consiste em escorregar os lábios pelos furos da gaita, soprando ou aspirando, até chegar ao orifício desejado. O glissando pode ter um orifício de origem (figura 8) ou não (figura 9).

Figura 8   **Figura 9**

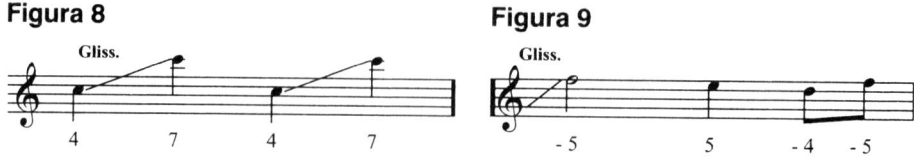

Double stops e acordes: a gaita é chamada de harmônica justamente porque pode produzir alguns acordes ou harmonizar. Os acordes podem ser feitos em duas notas (*double stops* ou parada dupla), três e até quatro notas. Para tanto, basta que você abra seus lábios até que eles consigam soprar/aspirar o número de orifícios que o acorde exigir. Adiante, alguns acordes muito utilizados na gaita diatônica.

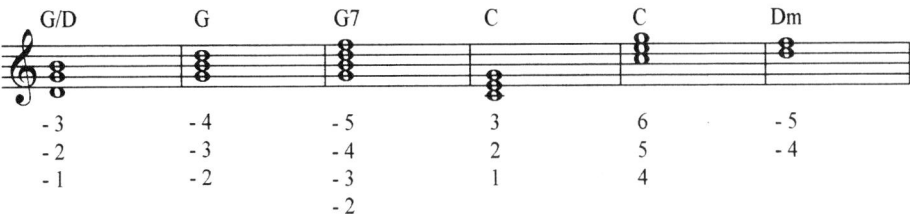

Bend: para conseguirmos notas que faltam na gaita diatônica, assim como outras que nos permitem tocar a escala de blues, usamos uma técnica conhecida como *bend*. A técnica *bend* (dobrar/flexionar) consiste em aspirar/soprar a gaita de tal maneira que suas palhetas ficam flexionadas fazendo com que a gaita produza notas que não existem quando sopradas ou aspiradas de forma convencional. Os *bends* podem ser de meio, 1 e até um tom e meio, soprados ou aspirados. Para extrair um *bend*, você deve aspirar o orifício 4 da gaita (este orifício é o mais fácil para se conseguir um bend) e, enquanto aspira, tente fazer com que sua garganta articule as vogais "A" e "U". Tente manter a aspiração constante e firme. Você notará que a mudança da vogal "A" para "U" (lembre-se de elevar um pouco a língua quando mudar para o "U") acarretará a mudança da nota também. Executar uma *bend note* não é tão difícil. Dominar e manter essa técnica, principalmente no início dos estudos, se torna tarefa mais complicada. Por isso, treine bastante e não desanime.

Por se tratar de um método para iniciantes, optei por usar a técnica bend somente nos três últimos exemplos, quando você estiver com seu sopro mais firme e seguro.

Neste método, a técnica *bend* foi utilizada na casa 4 (*bend* aspirado meio tom, nota Ré♭ ou Dó♯, (figura 10) e na casa 2 (aspirado 1 tom, nota Fá, figura 11). Ambos estão exemplificados nos áudios (faixas 54 e 56). O princípio para a execução de *bends* nos outros orifícios é o mesmo, com a diferença de que nos soprados você deve trocar as vogais "A" e "U" por "I" e "U".

Figura 10

Figura 11

Observe na figura 12 as possibilidades de notas bends sopradas e aspiradas na gaita diatônica.

Figura 12

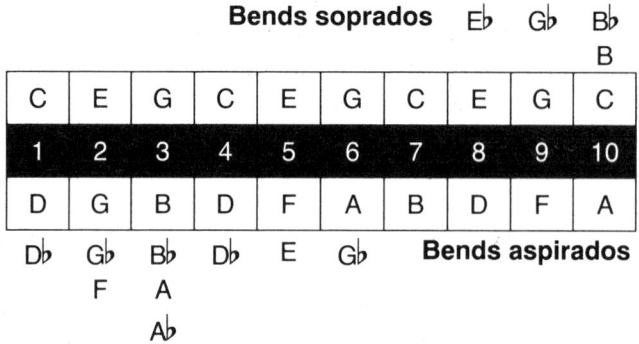

POSIÇÕES UTILIZADAS NA GAITA DIATÔNICA

A gaita diatônica foi idealizada para ser tocada em sua tonalidade de origem. No caso da gaita em C, obviamente tocamos em Dó Maior. Quando tocamos melodias simples – como spirituals norte-americanos, músicas folclóricas, músicas infantis e até determinadas melodias da música pop –, utilizamos esse raciocínio tocando na tonalidade (posição) original da gaita, para a qual damos o nome de primeira posição ou *straight harp*.

Porém, a tonalidade mais utilizada para se tocar blues é a segunda posição ou *cross harp*, também muito usada no country e no rock. Essa posição consiste em se tocar não sobre a tonalidade original da gaita (1º grau), mas sim sobre a quinta nota (5º grau) da escala (tonalidade) de origem. Portanto, se a gaita utilizada for em C (Dó), o blues será na tonalidade de G (Sol).

TABELA PARA TRANSPOSIÇÃO

Veja adiante tabela de transposição para todas as tonalidades:

Gaita em	Tocar o blues em
C	G
G	D
D	A
A	E
E	B
B	F# ou Gb
F# ou Gb	C# ou Db
C# ou Db	G# ou Ab
F	C
Bb	F
Eb	Bb
Ab	Eb

Existem ainda outras posições, como a terceira (indicada para músicas em tons menores). Nosso enfoque, porém, ficará restrito apenas à segunda posição, que será a utilizada nos exemplos deste método. Importante ressaltar, contudo, que o blues é tocado, algumas vezes, na primeira posição, em que geralmente o gaitista utiliza a região mais aguda do instrumento. Essa posição exige do gaitista pleno domínio sobre os *bends* soprados.

De volta à segunda posição, faremos a escala de blues na gaita diatônica. Lembrando que na segunda posição, a escala de blues é em G (Sol). Ela é de extrema importância para se tocar/improvisar o blues. A escala de blues nada mais é do que a escala pentatônica menor com a adição de uma 4ª aumentada, que, no caso de G, é um Dó# (*bend* na casa 4).

Escala de blues em G (gaita na tonalidade de C)

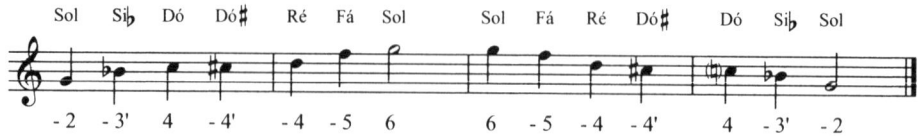

Exercício 1 (faixa 4)

Neste primeiro exercício, você tocará apenas as notas principais (tônicas) dos acordes usados no blues *slow change*, ou seja, Sol, Dó e Ré. Apenas atente para que as notas saiam limpas e que tenham a duração de quatro tempos, como mostra o áudio. Depois, você poderá tocar com o playback. Lembre-se que você usará o mesmo playback para tocar do exercício 1 ao 11, faixa 26 – 80 bpms (mais lento) e faixa 28 – 100 bpms (mais rápido). Os acordes cifrados, assim como os graus utilizados, foram colocados acima de cada compasso para ratificar o que foi apresentado sobre a estrutura do blues. Eles aparecerão apenas neste primeiro exercício. Os demais utilizam a mesma harmonia, com exceção do exercício 15.

Blues 1
(Conhecendo as notas básicas usadas no blues)
(Harmonia *slow change*)

Ricardo Parronchi

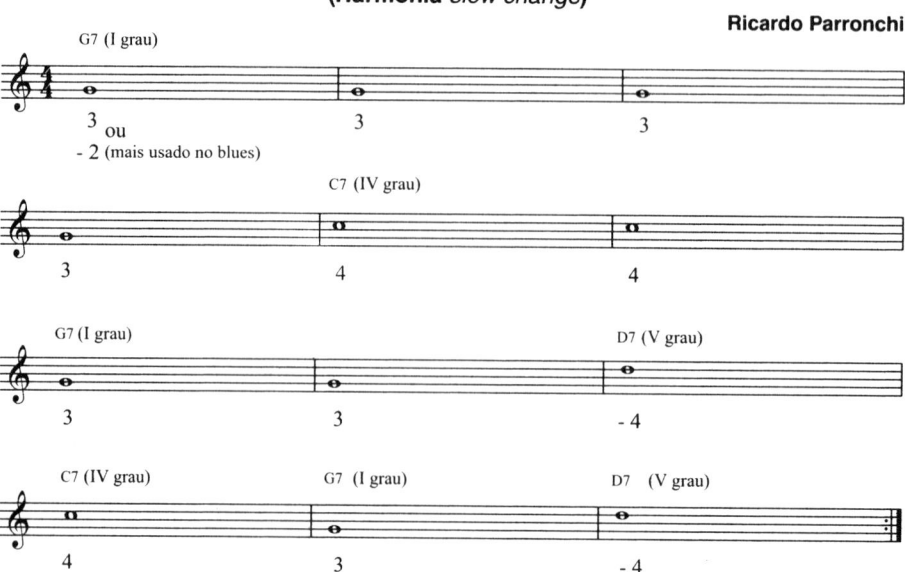

Exercício 2 (faixa 6)

O segundo exercício possui as notas idênticas ao primeiro. A única diferença é que há uma variação na rítmica, sendo duas semínimas e duas colcheias fazendo ligadura a outra semínima. Outro detalhe é que em vez de soprar o Sol da casa 3, você aspirará a casa 2, que é um pouco mais difícil, porém, uma forma mais utilizada no blues. Não raras vezes muitos chegam a pensar que o orifício 2 esteja com defeito ou quebrado por ser um pouco mais "duro" do que o orifício 3. Mas com um pouco de treino e insistência, você conseguirá uma boa sonoridade naturalmente.

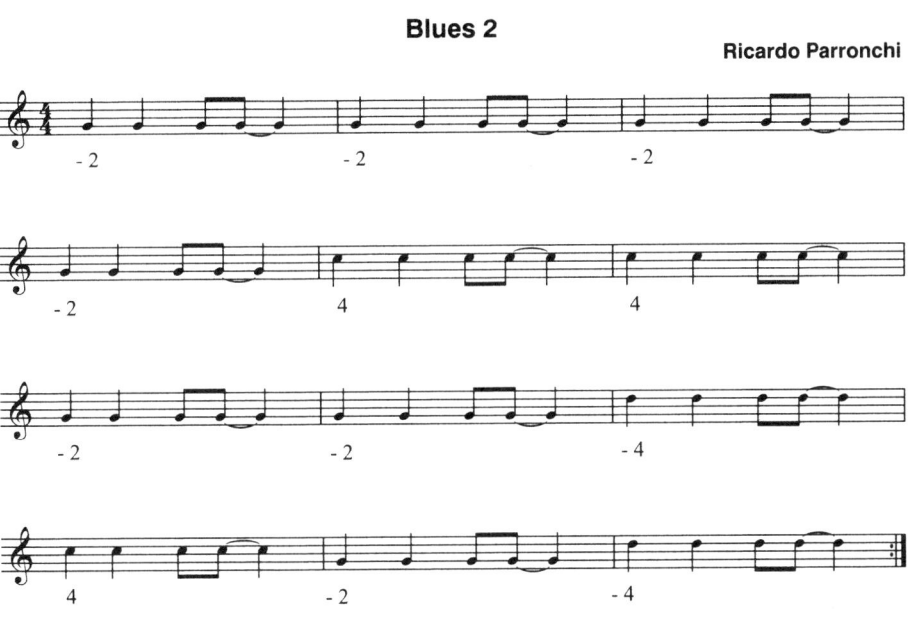

Exercício 3 (faixa 8)

A partir deste momento, os exercícios começam a ter uma sonoridade mais musical. Passam a ser pequenos temas de blues com duração de 12 compassos. Assim, de maneira bem gradual, você começará a executar melodias, técnicas e rítmicas muito usadas no estilo blues. Neste exercício, de maneira bem simples (apenas com semínimas), você tocará algumas notas pertencentes aos acordes de blues. Isso se chama arpejo, mas esse estilo de blues é chamado de *boogie*. Tente, mais uma vez, executar as notas com clareza. Repare que há alternância entre os orifícios 3 e -2 na nota Sol. Isso ocorre para que você se acostume com a casa 2. Atente ainda para os saltos que ocorrem na melodia, como nos compassos 10 e 11. Preste muita atenção quando tiver que "pular" do orifício 6 para o orifício 2. São comuns, no início, alguns erros na passagem dessas notas.

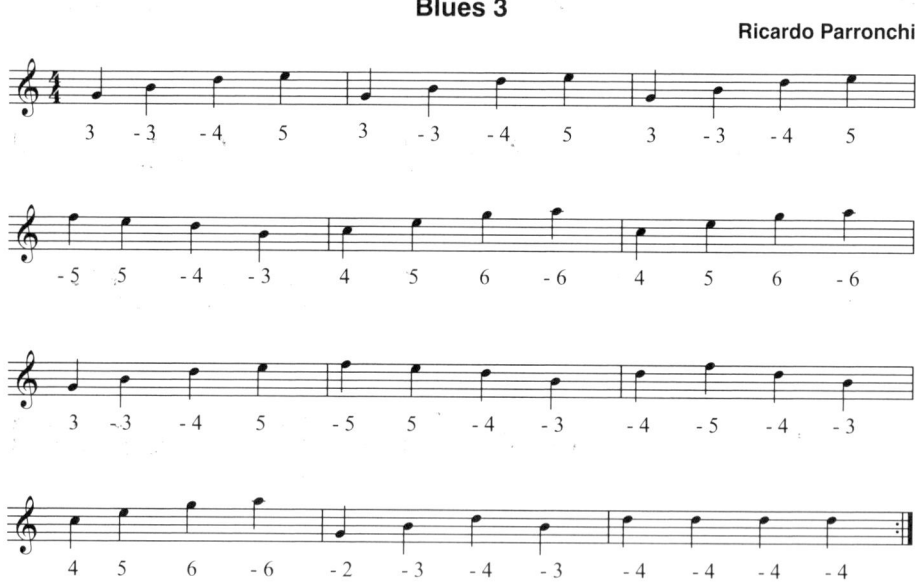

Blues 3

Ricardo Parronchi

Exercício 4 (faixa 10)

Este exercício é muito semelhante ao anterior. A diferença está no último tempo dos compassos 1, 2, 3, 5, 6, 7 e 10. Há uma rítmica chamada de *shuffle* muito característica do blues e do jazz. Ela pode ser escrita de duas formas: do jeito que está no exercício, com uma tercina usando uma ligadura nas duas primeiras notas, ou apenas com duas colcheias comuns, mas sempre com uma indicação no início da música ou de um trecho indicando que as colcheias são suingadas (*shuffle*).

Exercício 5 (faixa 12)

Este exercício é todo em *shuffle*, sempre com um descanso numa nota semibreve no segundo compasso. Para reproduzir essa rítmica com fidelidade, você deve escutar atentamente o áudio, pois ela é muito usada no blues. Por isso, sempre toque com muita atenção as partes com saltos, como acontece no compasso 4 para o compasso 5 (orifício 3 para o 6) e compasso 6 para o compasso 7 (orifício 7 para o 4).

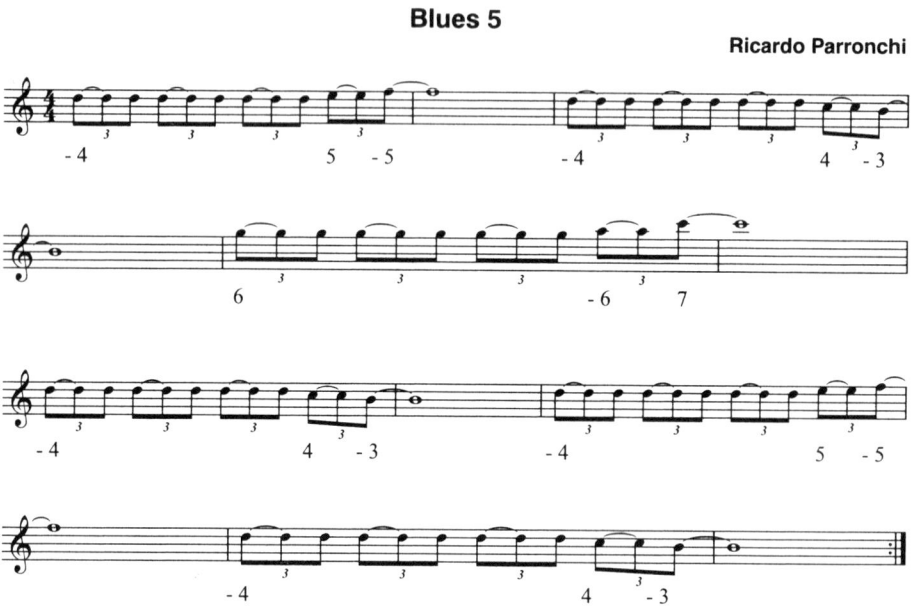

Exercício 6 (faixa 14)

Aplicou-se neste exercício a técnica de vibrato de mão. Havendo dúvida retorne para o tópico de técnicas e efeitos. Preste muita atenção porque seu sopro deverá ter a duração de dois compassos (oito tempos) e o vibrato será usado somente no segundo compasso (últimos quatro tempos), no caso, os compassos 4, 8 e 12. Tente controlar a respiração, pois ela fará toda a diferença para manter o exercício com a mesma intensidade do início ao fim. Outro ponto interessante é que o vibrato terá como rítmica base a tercina, ou seja, você deve movimentar a mão 12 vezes durante o compasso, com 4 grupos de 3 notas. Qualquer dúvida escute o áudio novamente, até conseguir repetir o vibrato na rítmica utilizada.

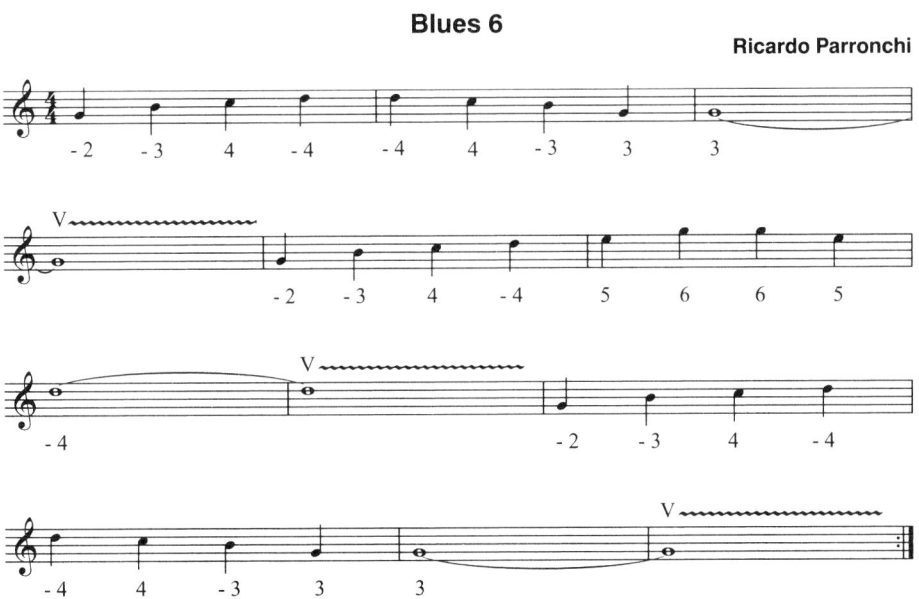

Blues 6

Ricardo Parronchi

Exercício 7 (faixa 16)

Aqui será apresentada a técnica de vibrato. As dicas do exercício anterior são de grande valia, sendo a principal diferença o início dos compassos que começa numa região mais aguda, um Sol na casa 6 mantendo a nota por cinco tempos, uma semibreve (4 tempos) ligada a uma semínima (1 tempo). Outra novidade é uma mínima pontuada no décimo primeiro compasso valendo três tempos.

Exercício 8 (faixa 18)

Neste exercício será apresentada a técnica de vibrato acompanhada da técnica de wah-wah, efeito muito usado no blues e em outros estilos, que possui os mesmos movimentos do vibrato, porém mais lentos. Outro ponto interessante é o aparecimento de pausas de um tempo (semínima) no nono compasso.

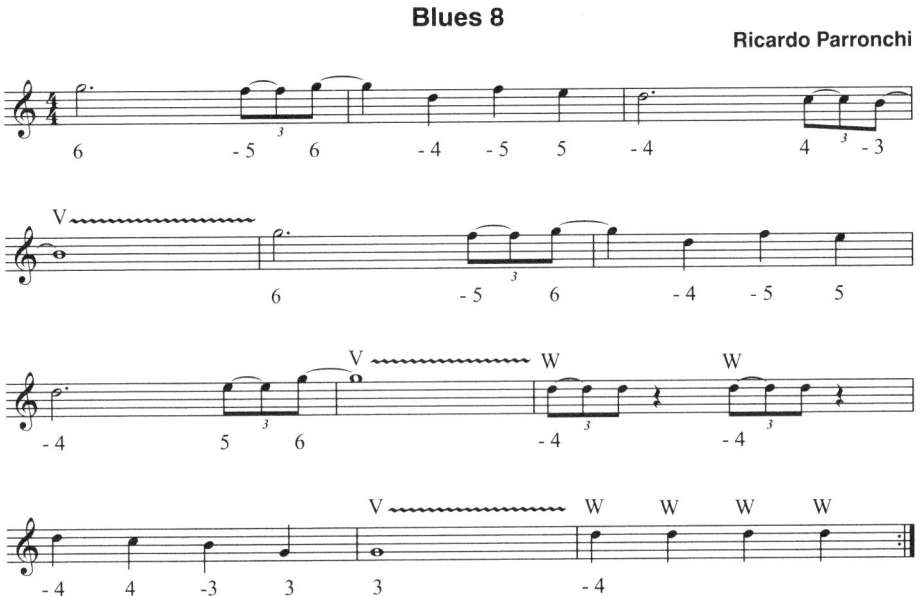

Blues 8

Ricardo Parronchi

Exercício 9 (faixa 20)

Neste exercício serão encontrados novamente os efeitos de wah-wah e vibrato, porém, você notará uma pequena diferença na sonoridade nas notas com wah-wah, principalmente nas primeiras notas dos compassos 1, 5 e 9. É o que chamamos de nota "chorada"; não chega a ser um *bend*, mas é quase. Alguns a chamam de um quarto de *bend*. Para conseguir esse efeito, você deve usar sua garganta, articular como se ela estivesse dizendo "AU", aliando ou não ao movimento das mãos (faça o teste com as duas possibilidades e ouça os resultados). Atente também para o décimo compasso em que aparecerá um salto da casa 3 para a casa 6, resultando num fraseado bem característico de um *turnaround* (tema que finaliza o compasso 12, preparando novamente para o primeiro compasso ou encerrando a música).

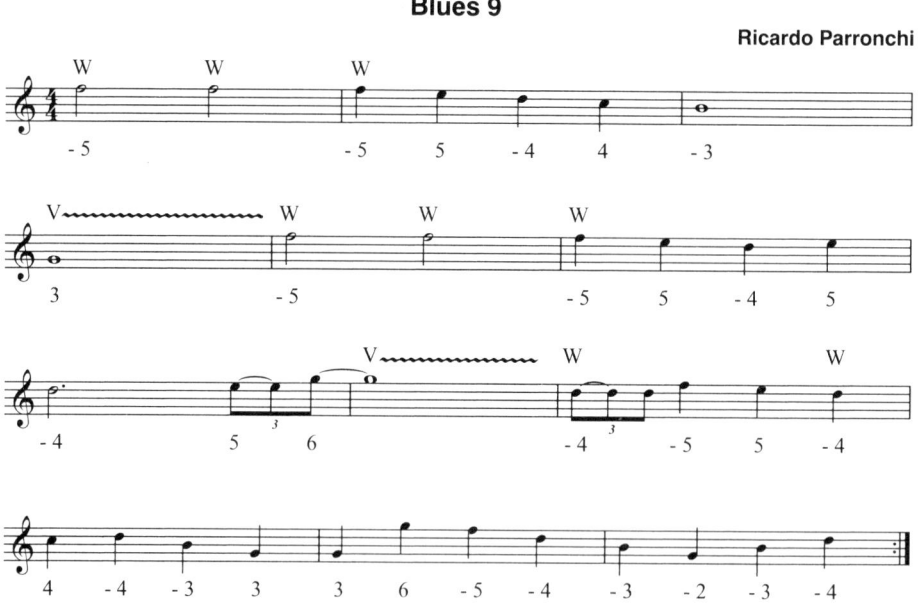

Exercício 10 (faixa 22)

Aqui será apresentada a técnica de surdina ou abafamento. Esse ponto já foi exposto em técnicas e efeitos. Como o próprio nome sugere, o som desse efeito é bem abafado, pois com nossa mão em concha tapamos toda a gaita, fazendo com que ela soe bem grave. Repare também que os fraseados começam a ficar com mais movimento, soando mais elaborados. Isso ocorre em virtude da variação das figuras rítmicas em tercinas com ligaduras e pausas, muito características ao blues.

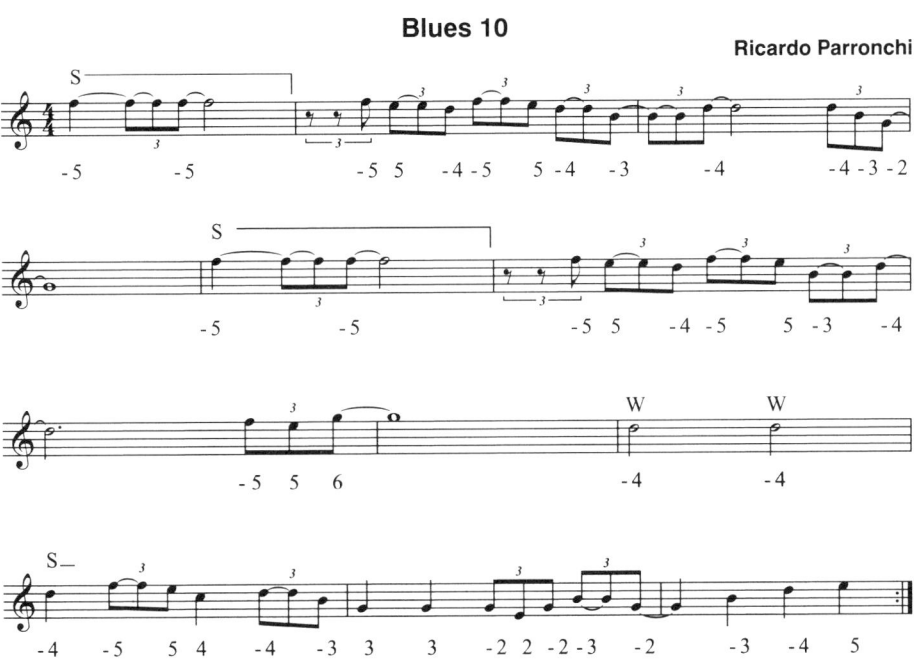

Exercício 11 (faixa 24)

Neste tema foram enfatizadas as tercinas de semínima que aparecem nos compassos 2, 6, 10 e 12. São seis notas organizadas em quatro tempos e, a princípio, você pode ter alguma dificuldade para assimilar essa rítmica, mas não desista e tente fazer junto que, com certeza, você conseguirá. Outra curiosidade rítmica é o surgimento de pausas de quatro tempos (semibreve) nos compassos 4 e 8. Essas pausas servem de respiro, valorizando e realçando a melodia. No compasso 10, as tercinas de colcheias foram bastante ressaltadas justamente para que você consiga assimilar as diferenças existentes entre esses dois tipos de tercinas.

Blues 11

Ricardo Parronchi

Exercício 12 (faixas 30 e 31 [playback])

Neste exercício, você vai conhecer mais duas técnicas: o glissando e o trinado (balanço de cabeça). O glissando aparece sempre no começo dos compassos 1, 3, 5 e 7; por isso, não tem nota de origem, mas você pode começar a aspirar escorregando os lábios para a casa 5 a partir da casa 2. O trinado aparece no compasso 11 numa velocidade moderada para que você consiga assimilá-lo técnica e sonoramente. Escute o áudio atentamente e, qualquer dúvida, lembre-se que todas as explicações estão no capítulo de técnicas e efeitos. A partir deste exercício, os playbacks serão individuais e aparecerão na faixa seguinte ao tema com andamento de 100 bpms.

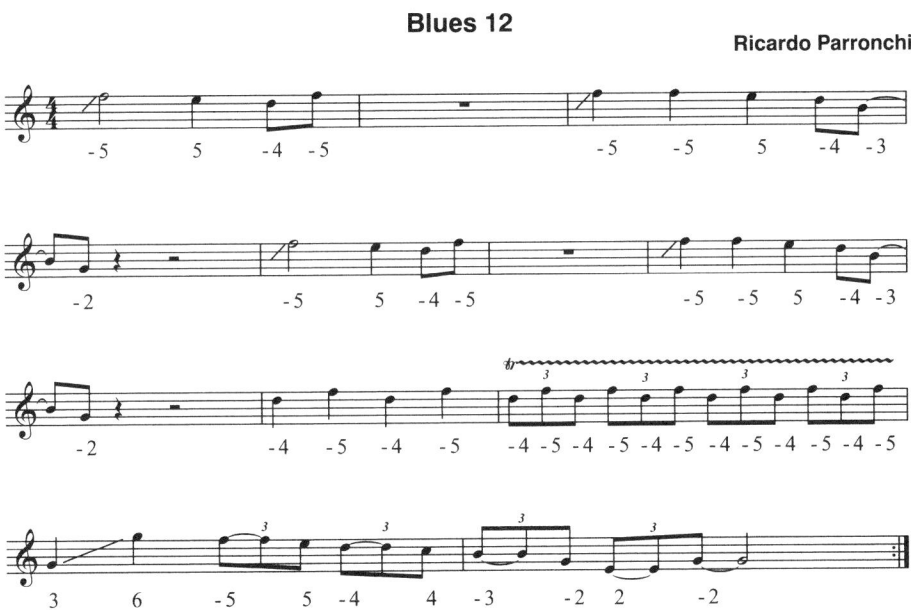

Blues 12

Ricardo Parronchi

Exercício 13 (faixas 33 e 34 [playback])

Repare que este tema possui 13 compassos. Isso acontece porque a gaita está antecipando a melodia, ou seja, ela começa o solo antes da entrada dos instrumentos. Então, o primeiro dos 12 compassos do blues é, efetivamente, o segundo. Por isso, quando você chegar ao final do tema (compasso 13), tenha o cuidado de retornar para o segundo e não para o primeiro compasso, como indica a barra de repetição. Observe também as inúmeras pausas que aparecem ao longo deste exercício, em que as figuras rítmicas predominantes são as tercinas de colcheia, que como você deve ter notado, elas são a base rítmica da maioria dos exemplos deste livro.

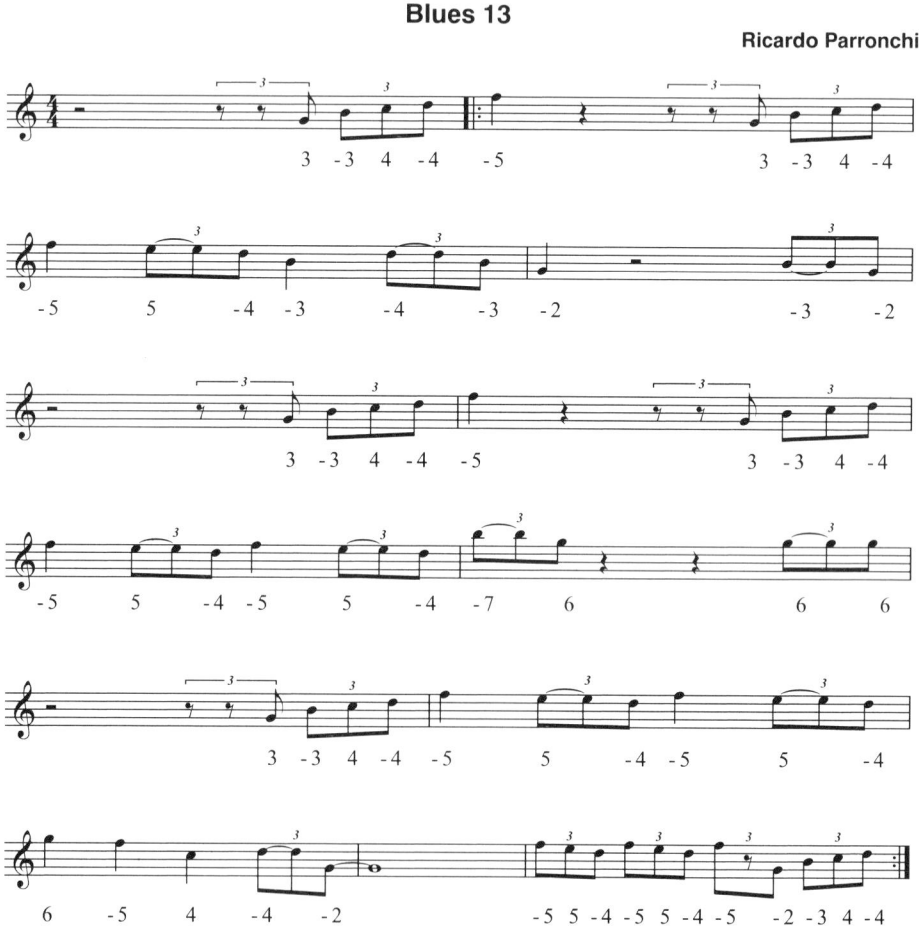

Blues 13

Ricardo Parronchi

Exercício 14 (faixas 36 e 37 [playback])

Observe bem este exercício. Ele abordará vários assuntos vistos anteriormente, como o *shuffle* (compasso 4), tercinas de semínima (compasso 6), técnicas de vibrato e wah-wah (compassos 10 e 12). Repare que neste tema a gaita também antecipa a melodia. Lembre-se que essa mistura de elementos enriquece bastante as melodias. Uma boa dica é você voltar aos primeiros exercícios tentando usar as técnicas e os efeitos aprendidos até o momento. E por que não começar a tentar criar, mesmo que de maneira bem simples, suas próprias melodias? Para isso, coloque o playback lento dos primeiros exercícios, faixa 26, e tente tocar algo. Aos poucos, você começará a perceber as notas que combinam e as que não combinam com o restante dos instrumentos. Tente evitar as notas "ruins". Isso será um ótimo exercício de percepção.

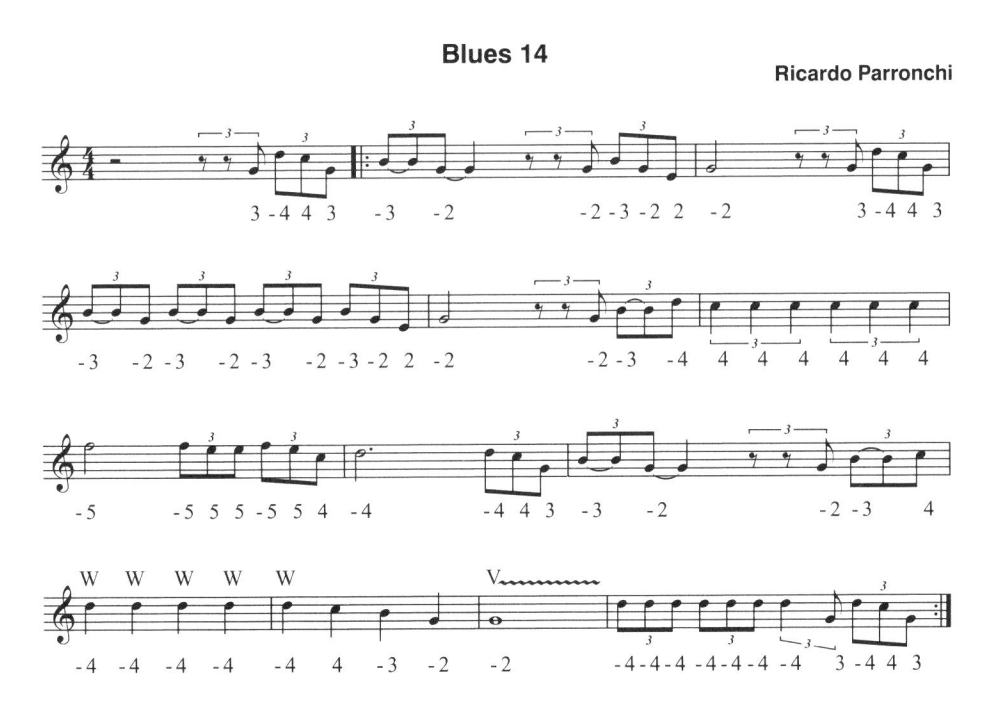

Blues 14

Ricardo Parronchi

Exercício 15 (faixas 39 e 40 [playback])

Neste exercício tocaremos sobre uma harmonia diferente da usada no blues tradicional. Ela é uma variação da harmonia *fast change* e sua sonoridade é um pouco mais jazzística. Como você perceberá, o acompanhamento (bateria, baixo e piano) também segue essa linha. Por serem diferentes dos outros exercícios, os acordes cifrados estão acima da partitura. O exercício não apresenta maiores dificuldades, mesmo porque todos os aspectos técnicos e rítmicos usados foram vistos anteriormente. Apenas atente para a melodia e repare que ela também tem sua sonoridade modificada justamente por trabalhar com as notas desses novos acordes.

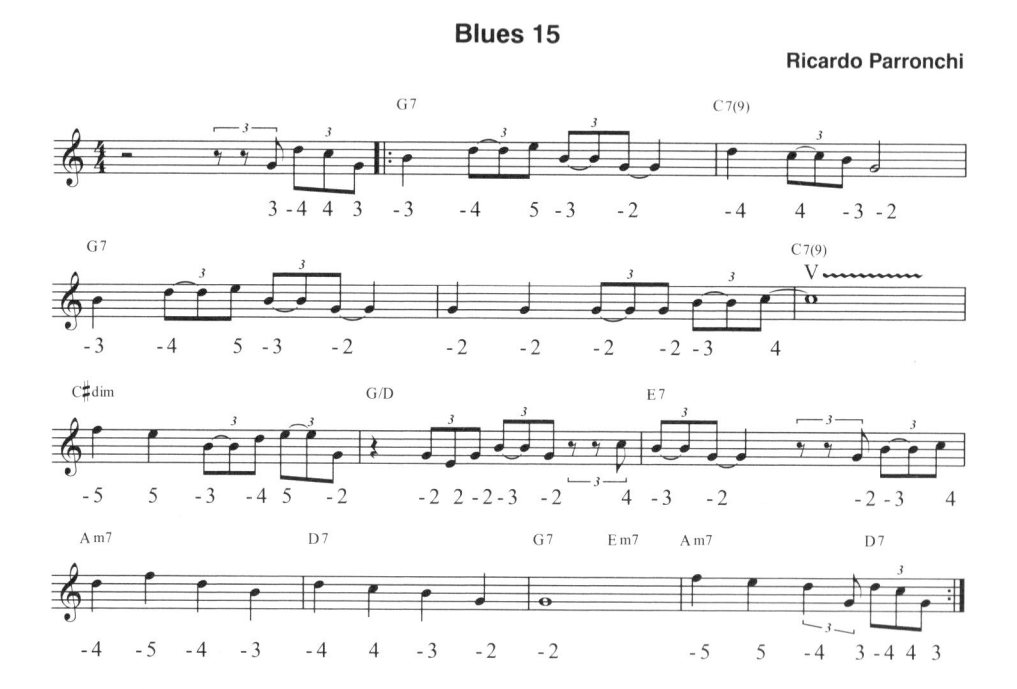

Blues 15

Ricardo Parronchi

Exercício 16 (faixas 42 e 46 [playback])

Aqui voltaremos à harmonia *slow change*. A diferença será a forma como o exercício é executado, pois ele será todo tocado em *double stops* ou duas notas por vez (em terças). Conforme visto na parte de técnicas e efeitos, basta que você toque duas notas, ao invés de uma nota por vez. Lembre-se de tocar escutando o áudio para que você perceba alguma alteração no som das notas, pois é muito comum, quando começamos a usar essa técnica, tocarmos um furo abaixo ou um acima. Outra dica é você tapar com os dois dedos indicadores os orifícios da esquerda e da direita, deixando livres somente os orifícios que devem ser tocados. Grave bem sua sonoridade e depois tente fazer sem a ajuda dos dedos.

Blues 16

Ricardo Parronchi

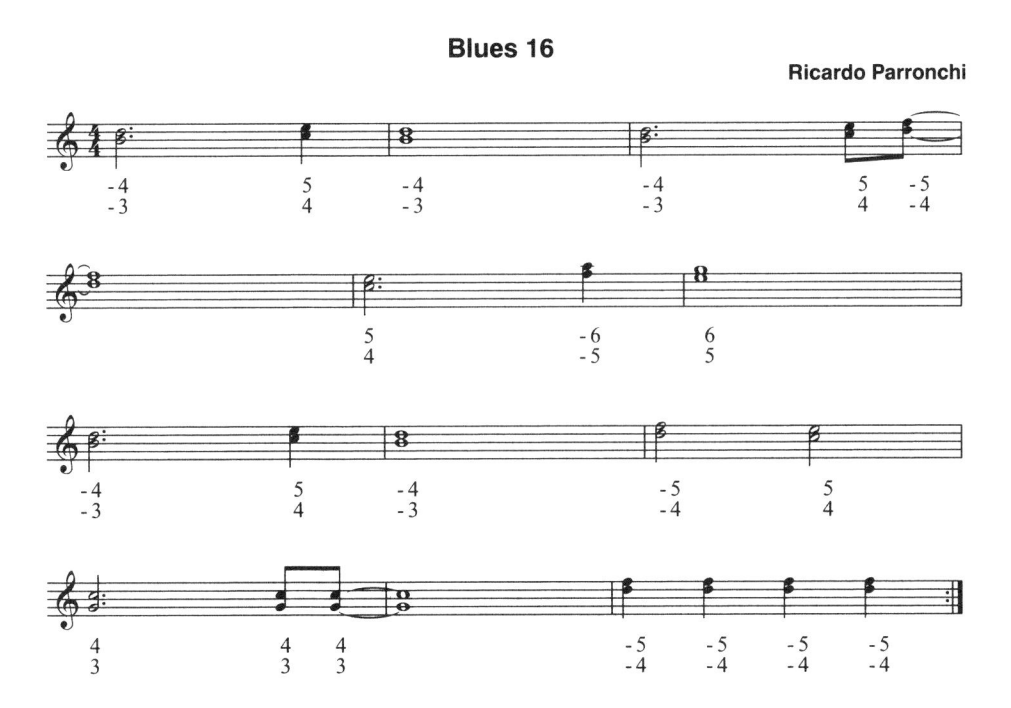

Exercício 17 (faixas 44 e 46 [playback])

Aqui, você continuará a utilizar *double* stops tocados da mesma forma que no exercício anterior, porém, de maneira mais elaborada, intercalando-os com notas simples. O vibrato que aparece no décimo compasso será quase idêntico aos dos outros exercícios. A única diferença é que a técnica será utilizada enquanto você toca duas notas e não uma no mesmo trecho. Tente executar o wah-wah também. Utilize o mesmo playback (faixa 46) para os exemplos 42 e 44.

Blues 17

Ricardo Parronchi

Exercício 18 (faixas 48 e 49 [playback])

Aqui, você notará uma pequena diferença na sonoridade do tema. Dessa vez não será na harmonia, mas sim na rítmica, que tem na bateria e no baixo uma levada mais funk. A esse estilo de blues é comum chamarmos de funk-blues (ritmo funk com harmonia blues). Devido a essa rítmica, a melodia foi toda construída sobre colcheias, semicolcheias e suas variações, em vez de *shuffle* e tercinas. Repare que são usadas muitas ligaduras e pausas de semicolcheias que aparecem, pela primeira vez, nos exercícios.

Blues 18

Ricardo Parronchi

Exercício 19 (faixas 51 e 52 [playback])

Neste exercício, o ritmo funk-blues continua e a melodia da gaita será feita sobre colcheias. Tecnicamente, o exercício não apresenta nenhuma novidade, mas ritmicamente são utilizadas muitas colcheias antecipadas por pausas, ou seja, a figura aparece no "e" do tempo e não na cabeça. A isso, damos o nome de contratempo (compassos 1, 3, 5, 7, 8, 9, 10, 11 e 13). Ainda quanto à rítmica, repare que o andamento está um pouco mais rápido em relação aos exemplos anteriores (115 bpms).

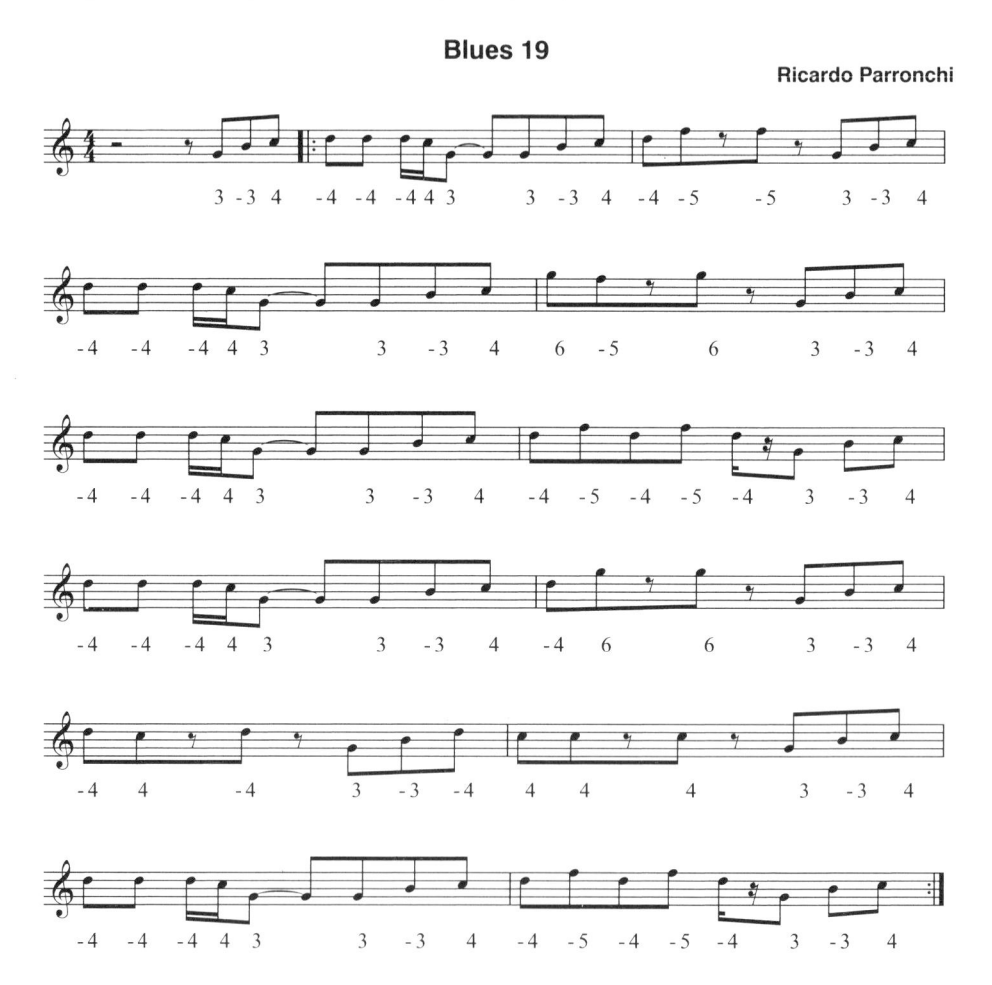

Exercício 20 (faixas 58 e 59 [playback])

É provável que você encontre dificuldade em algumas partes deste exercício porque, além de utilizar acordes de três notas (compassos 1, 2, 3 e 11), pela primeira vez será utilizada a técnica de *bend* (compassos 9 e 12). Todos os *bends* utilizados serão os aspirados do orifício 4 (notas Réb/D#). Leia atentamente o capítulo sobre técnicas e efeitos, escute os áudios e tente fazer o *bend* isoladamente, de forma bem lenta, antes de tentar tocar o tema. No compasso 5, você terá novamente a técnica de wah-wah. A diferença é que, agora, o sopro deve ser mantido por quatro tempos, enquanto a mão faz quatro movimentos de um tempo (semínima). Por isso o "4x". Para os acordes, use o mesmo princípio de *double stops*. Apenas abra um pouco mais a boca para que você possa tocar três notas em vez de duas e lembre-se: com muito treino e um pouco de paciência, certamente você conseguirá.

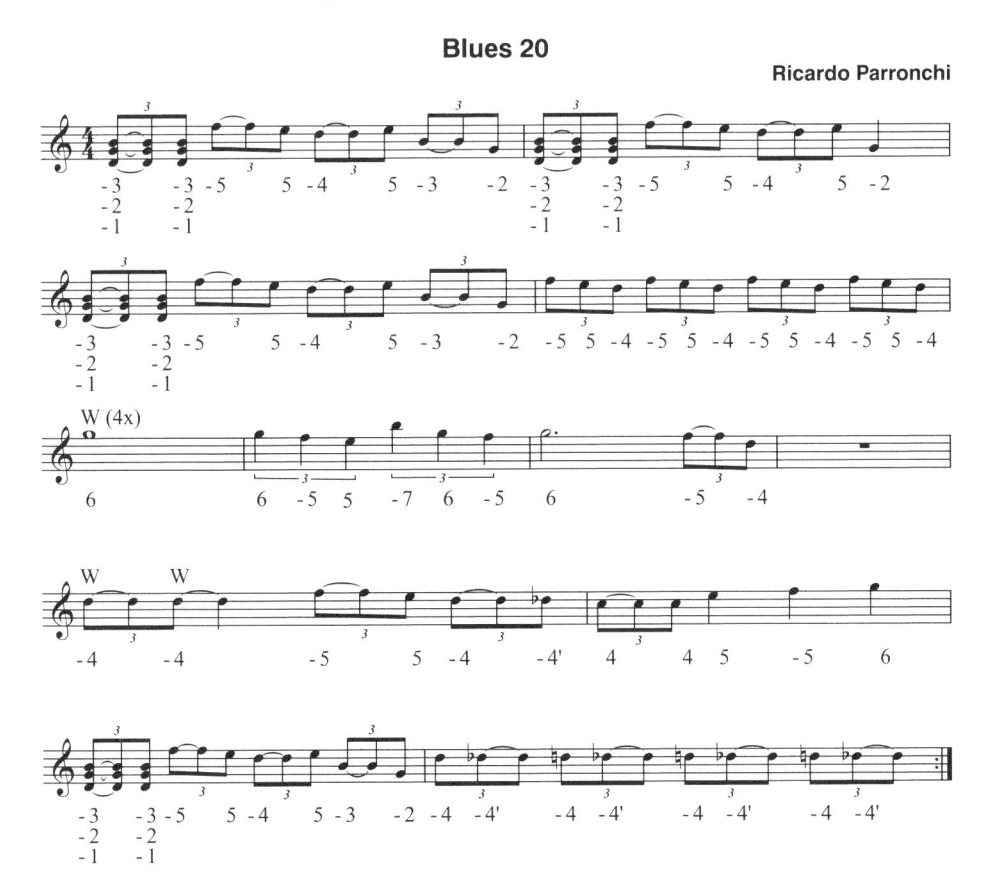

Blues 20

Ricardo Parronchi

Exercício 21 (faixas 61 e 62 [playback])

Aqui, você terá a técnica de *bend* logo no primeiro compasso criando uma frase cromática (Si – Dó – Dó# – Ré). Esse fraseado é muito usado no citado *turnaround*, por isso o fim do tema é igual ao começo. Atente para a barra de repetição. O *bend* ainda aparece no compasso 11, no meio de uma frase em *shuffle*, e também na casa 4 aspirada. Se você lê partitura, notará que foram utilizadas as notas Dó# nas frases ascendentes (grave para o agudo) e Ré♭ nas frases descendentes (agudo para o grave), apenas para que a escrita ficasse correta, já que, na prática, as duas serão as mesmas notas e tocadas do mesmo jeito. Preste muita atenção às ligaduras; elas dão todo o *swing* do tema. Por isso, escute bem antes de tocar.

Blues 21

Ricardo Parronchi

Exercício 22 (faixas 64 e 65 [playback])

Neste último exercício será apresentado mais um *bend* (aspirado na casa 2). Ele é de 1 tom (nota Fá) e é muito usado no blues por ser a sétima do acorde principal (no caso, o acorde de G). Escute a faixa 54, em que o *bend* na casa 2 é executado de forma bem lenta. O primeiro *bend* é de meio tom (nota Fá#) e o segundo é de 1 tom (nota Fá). Apenas preste bastante atenção, porque aqui o *bend* é executado direto da nota Sol para a nota Fá (compasso 4) sem passar pela nota Fá#. Não se desespere, porque mecanicamente a nota Fá é mais fácil de se conseguir do que a nota Fá#. O *bend* na casa 4 aparece novamente nos compassos 3 e 7, e no compasso 10, teremos um glissando de uma oitava, da nota Dó (orifício 4) para outra nota Dó (orifício 7).

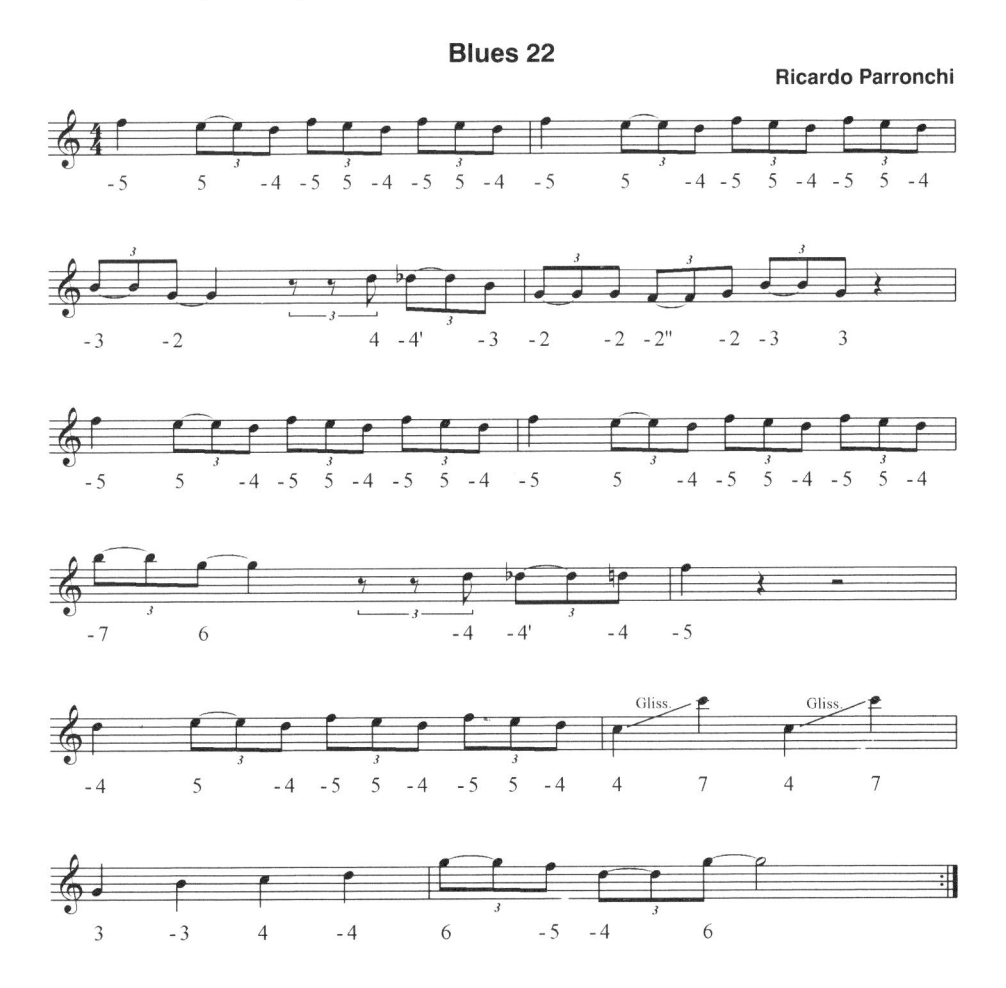

Blues 22

Ricardo Parronchi

Espero que você aproveite bem este método e os temas apresentados. Qualquer dúvida entre em contato através do e-mail <rickbass73@gmail.com>.

Um forte abraço!